NPO支援税制の手引き

赤塚和俊

JN279218

花伝社

NPO支援税制の手引き◆目次

はじめに

一九九八年に成立した特定非営利活動促進法（以下、ＮＰＯ法）は、広範な市民団体に法人格の取得の道を開いた画期的な法律であったが、税制上の措置をとらなかった点では、画竜点睛を欠くものだった。立法府もそれは承知で、衆参両院の委員会では、法施行二年以内に税制を含め見直し、検討を行い結論を得るという附帯決議がなされた。

これを受けて、二〇〇一年三月二八日に租税特別措置法改正案（いわゆるＮＰＯ支援税制）が成立した(施行は同年一〇月一日)。しかし、その内容は多くのＮＰＯ法人や、これから法人設立を申請しようという市民団体の望むものとはかけ離れた、非常に不十分なものだった。

そうなった理由の一つには、ＮＰＯ法を議員立法で成立させるに当たって大きな力を発揮したＮＰＯ議員連盟が、「加藤の乱」後遺症のため全く機能しなかったことが挙げられる。一方、市民団体側の力不足があったことも否めない。

ＮＰＯ法が成立するまでの過程では、何度も継続審議となり随分待たされたのであるが、結果的に十分な審議時間が取られ、「市民」という言葉が排除される等のマイナスの副産物はあったものの、与野党の議員の間にＮＰＯに対する理解が深まるという効果もあった。

そういう意味でも、今回のＮＰＯ支援税制の立法に関しては、「森降ろし」のさなかという不幸もあって、ほとんど審議もないまま、問題の多い政府の税制改正要綱がすんなり国会を通過してしまった。

ただし、ＮＰＯ支援税制が第一歩を踏み出したことは事実であり、認定制度において役所の恣意性を排除した客観的な基準を設けることができたのは、過去の寄附税制と比較しても大きな成果である。今後は、現実離れした基準の改正及び今回見送られた収益事業への課税軽減の実現へ向けて、さらに強力な運動を展開しなければならない。

本書では、ＮＰＯ支援税制の内容について具体的に解説することを主眼としたために、収益事業の課税その他、寄附税制以外については触れていない。ＮＰＯ法人の税務全般については、拙著『ＮＰＯ法人の税務』（花伝社刊）その他を参考にされたい。寄附税制に関しては、今回の改正の問題点の指摘にも努めたつもりである。次の税制改正へ向けて参考にしていただきたい。

今回の支援税制は、認定を受けられる法人の数は少ないが、改正の運動を進める上でも制度の内容や問題点を理解することは重要である。本書がその一助となれば幸いである。

なお、地方自治体のレベルではＮＰＯ支援施策の一環として、地方税法の運用の改善、具体的には、収益事業を行う法人の法人住民税均等割の減免（収益事業を行わない法人の減免については既に大半の自治体が減免を行っている）、固定資産税や自動車税の減免等が進んでいる。これらについても本書では触れていない。関係する自治体や、シーズ（市民活動を支える制度をつくる会）のホームページ（http://www.npoweb.gr.jp/）等で確認していただきたい。

二〇〇一年九月

赤塚和俊

第1章

制度のあらまし

1　認定ＮＰＯ法人

今回のＮＰＯ支援税制は、すべてのＮＰＯ法人に自動的に適用されるものではない。適用を受けようと思う法人は、国税庁長官の認定を受けなければならない（実際に申請書類を提出する先は所轄の税務署）。この認定を受けた法人を認定ＮＰＯ法人という。

その認定の要件は第2章で詳述するが、普通のＮＰＯ法人にとってはクリアすることがたいへん難しいものとなっている。唯一の救いは、要件が客観的に定められていて、認定が却下された場合も、その理由が通知されることになった点である。

従来からある税法上の特定公益増進法人の制度が、その法人の設立を認可した主務官庁と財務省の協議によって認定され、その基準も明確ではなく却下の理由も明示されなかったことを考えると、大きな進歩である。もちろん、情報公開の流れや行政のアカウンタビリティが要求される現在の情勢にあっては当然のことであって、これまでの制度がおかしかったのである。

法の施行は二〇〇一年一〇月一日で、この日から認定申請の受け付けが開始された。ただし、法人設立の認証と違って、認定の可否の決定期限は定められていない。どの程度の期間で認定が決定されるかは、運用の実態を見ないことには何とも言えない。

なお、認定の申請が却下された場合には、異議の申し立てを行い、それも却下された場合は国税不服審判所に審査請求を行うことができる。最終的には裁判で争うことも可能である。

認定の有効期間は、国税庁長官の認定の日から二年間である。認定の更新はなく、認定の期限がくる前に再度、認定の申請をしなければ継続することはできない。

2　支援税制のあらまし

一口に税法と言ってもさまざまである。ＮＰＯ法人にかかわるものだけを挙げても、収益事業に関する課税（法人税、事業税、法人住民税）、消費税、源泉所得税（職員の給与、報酬の支払、利子所得に課税されるもの等）、その他、国税としては、印紙税や登録免許税、地方税としては固定資産税や自動車税等もある。

一方、ＮＰＯ法人に寄附したものにかかわる税制には、法人税（企業）、所得税（個人）、相続税等がある。

これらの内、特に支援税制の要望の強かったものは、収益事業に対する課税の軽減と、寄附者に対する税の減免だった。今回、実現したのは寄附税制だけであり、収益事業の課税の軽減は見送られた。見送られた理由としては、現に法人税等を納税しているＮＰＯ法人が非常に少なく、納税している場合でも税額がわずかであることが挙げられている。財務省としては、政策効果のない税制措置には意義を認めないということである。

納税実績が少なかった背景には、介護保険事業のスタートが二〇〇〇年四月一日で、事業者の大半は調査時点ではまだ一度も確定申告していなかったということがある。その後、ほとんどの介護保険事業者が相当の申告納税を行ったことが明らかになっており、次の見直しの際には強く主張するべきである。なお、調査（アンケート）の有効回答が少なかったことも問題である。

3　寄附金の税制

わが国の寄附税制の全体像とその中での認定ＮＰＯ法人の位置付けを図示すると、次ページの通りである。

法人税法（企業の行う寄附に係る税制）は、右端の一般寄附金の限度額計算が本則である。この限度額を超える寄附金は支出しても構わないが、損金には算入されない。これに対していくつかの特例がある。最も優遇されているのが、指定寄附金や国、地方自治体に対する寄附で、全額が損金に算入される。次が特定公益増進法人に対する寄附で、一般寄附金と同額が別枠で損金に算入できる。認定ＮＰＯ法人は、この枠に収まることになった。

特定公益増進法人というのは、公益法人（財団法人、社団法人、社会福祉法人、学校法人等）の中で、財務省が特に認めた法人である。財団法人、社団法人の場合は、その総数の約三％に過ぎない（社会福祉法人、学校法人はほとんど無条件に認められる）。

個人の場合は、損金算入ではなく、所得控除という形で税額が軽減される。指定寄附金や特定公益増進法人という区別はなく、特定寄附金の総額から一万円を引いた金額が所得控除される。一般の寄附金の控除はないが、政治団体に対する寄附が含まれるのが特徴である。

<table>
<tr><td rowspan="3">区分</td><td colspan="7">公益性の高い寄附金（特定寄附金）</td><td rowspan="3">一般寄附金</td></tr>
<tr><td colspan="2">国等に対する寄附金</td><td colspan="2">指定寄附金</td><td rowspan="2">特定公益増進法人に対する寄附金</td><td rowspan="2">認定NPO法人に対する寄附金</td><td rowspan="2">政治団体に対する寄附金</td></tr>
<tr><td>国</td><td>地方自治体</td><td>共同募金会
日本赤十字社</td><td>左記以外の法人</td></tr>
<tr><td>法人税</td><td colspan="4">金額損金算入</td><td colspan="2">右の損金算入限度額と別枠で同額</td><td colspan="2">損金算入限度額（資本等の金額×0.25％＋所得金額×2.5％）×1/2</td></tr>
<tr><td>個人の所得税</td><td colspan="6">（特定寄附金の合計額（上限、総所得の25％）－1万円）を所得控除</td><td>税額控除の選択適用、寄附金額の30％</td><td>所得控除の対象外</td></tr>
<tr><td>個人の住民税</td><td>所得控除の対象外</td><td>（寄附金の合計額（上限、総所得の25％）－10万円）を所得控除</td><td colspan="6">所得控除の対象外</td></tr>
</table>

個人の地方税は、所得税の軽減よりも範囲が狭い。対象は地方自治体（都道府県、市町村または特別区）と、共同募金会及び日本赤十字社に対する寄附金に限られる。認定ＮＰＯ法人に対する寄附金は含まれなかった。所得控除額もこれらの寄附金の総額の内、一〇万円を超える部分だけである。また、所得税も地方税も所得の二五％が上限でそれを超える寄附金は控除されない。

所得税も地方税も控除を受けるためには確定申告をする必要がある。一部には年末調整における控除を望む声もあったが、それは実現しなかった。一方、逆に源泉徴収制度や年末調整制度は給与所得者の納税者意識を低下させるものとして廃止を望む意見もある。また、寄附税制は税金の使途を行政府に委ねず、自ら指定するという積極的な側面もある。そういう意味でも確定申告の方が望ましいと考えられる。

相続税に関しては、個人が相続財産（相続や遺贈で取得した財産）を、相続税の申告期限までに、認定ＮＰＯ法人に寄附した場合は、その寄附分は相続税が課税されないことになった（相続税を不当に減少させると認められる場合を除く）。ただし、認定ＮＰＯ法人の特定非営利活動に関する事業に対する寄附に限られ、管理費等に充てることは認められない。

また、法人税や所得税の軽減は認定ＮＰＯ法人の認定の有効期間内に行われた寄附であれば認められるが、相続税の非課税措置は、寄附を受けた日から二年以内にその法人が認定ＮＰＯ法人ではなくなった場合（認定の継続ができなかった場合及び認定の取消しがあった場合）や、二年経った時点でその寄附財産を特定非営利活動の事業に使っていない場合には、さかのぼって非課税措置が取消される。

第2章 認定の要件

1 認定の要件の種類

認定の要件は多岐に渡るが、分類すると①団体の性格に関する要件、②組織運営と活動の適正性に関する要件、③その他の要件となる。なお、以下で述べる要件の名称は法律の用語ではなく関係者の間で使われている通称である。

①の団体の性格に関する要件には「日本版パブリックサポートテスト」、「広域性の要件」、「共益団体排除の要件」の三つがある。この三つの要件は、申請の直前の二事業年度を通じてクリアしていなければならない。通算ではなく一事業年度ごとに判定する。ただし、設立後初めての申請の場合は一事業年度目は一年に満たない日数でも良い。

認定時の条件は、直前二事業年度であるが、二年間の有効期限の切れる前に次の申請をするとすれば、同じことを要求される訳であるから、結局、認定を継続しようとする限り毎年度、要件を満たしている必要がある。

②の組織運営と活動の適正性に関する要件には「運営組織・経理の適正性」、「事業活動の適正性」、「情報公開」、「不正な行為の禁止」の四つがある。この四つの要件は、申請の直前の二事業年度だけでなく、認定の後も有効期間中を通じて満たす必要がある。①の団体の性格に関する要件との違いは、②の要件をクリアしていないことになると、いつでも認定取消しの理由となるという点である。ただし、「情報公開」の要件に関しては、初めての認定の際には直前の二事業年度

については要求されない。

③その他の要件は、「設立後の経過期間」、「所轄庁の証明」、「要件を満たす期間」の三つだが、①、②が実質要件であるのに対し、形式要件である。

「設立後の経過期間」というのは、要するに①、②で要求される直前二事業年度の実績を満たすためには、設立後少なくとも二度の決算を経ていなければ申請できないということを、改めて述べているに過ぎない。

「所轄庁の証明」というのは、「(申請) 法人につき法令、法令に基づく行政庁の処分又は定款に違反する疑いがあると認められる相当の理由がない旨の証明書の交付を受けていること」というものであり、この証明書は申請をしようとする法人が所轄庁に交付を求めれば、特に問題がない限り交付されるものである。

②の「不正な行為の禁止」との違いは、事実の立証がなくても「疑いがあると認められる相当の理由」があれば所轄庁は証明書の発行を拒否できるという点にある。

最後の「要件を満たす期間」というのは、前述の①、②の要件を、初めての認定の場合の「情報公開」と「事業活動の適正性」の一部を除き、直前の二事業年度を通じて満たさなければならない旨の規定である。

③のその他の要件については、特にこれ以上述べる必要はないであろう。次節以降、①の団体の性格に関する要件及び②の組織運営と活動の適正性に関する要件について詳しく検討することにする。

2　日本版パブリックサポートテスト

(1)　パブリックサポートテストとは

パブリックサポートテストというのは、もともとアメリカのＮＰＯが税制支援措置を受けるための条件で、どれだけ広範な支持を受けている活動かを収入面から判断する基準である。基本的には総収入を分母とし、寄附金やその他の助成金等を分子として、その割合が三分の一以上であれば良しとすることから、別名三分の一基準とも言う。これをアレンジしたのが日本版パブリックサポートテストで、日本版もアメリカの場合も、ともに分母及び分子に条件がある。

このテストは分母が小さいほど、分子は大きいほどクリアしやすいのは当然であり、どのような条件が付けられているかが大きな意味を持っている。

まず、アメリカの場合は、分母の総収入には本来の事業の収入は含めない。本来事業の規模が大きくなれば総収入も当然大きくなるが、これを分母に加えたままでは事業規模が大きいほど支持を得られていないという矛盾した判定となるために除外したものである。

分子には、寄附金のほか民間の助成金や公的な補助金が含まれる。ただし、寄附金には条件があって、一者当たり総収入の二％を超える金額はカットして分子には含めない。これは、特定の少数の者の寄附金に依存した活動は広範な支持を得た活動とは言えないという考え方である。もちろん、莫大な財産を持つ資産家が慈善事業を行ってもいいのだが、それは税制で支援するまでもないということなのであろう。

こういったアメリカの税制はそれなりに筋の通ったものと考えられるが、これをアレンジした日本版パブリックサポートテストは、全く似て非なるものとなっている。

(2) 用語の定義

日本版パブリックサポートテストは、まず用語の定義が難解である。式は次ページに示してある。分母の「総収入金額」にも分子の「受入寄附金総額」にも「等」がついている。常識的には「等」がつくと範囲が拡大するような気がするが、この「等」は引き算を意味している。

引き算の中身は後述するとして、ここではまず「等」のつかない「受入寄附金総額」の定義を確認する。受入寄附金総額には通常の寄附金のほか、相続・遺贈財産の寄附、対価性のない会費及び民間の助成金が含まれる。しかし、国や地方自治体の補助金は含まれない。アメリカの場合は補助金も寄附金に含まれる。なお、補助金は日本では分母からも除外することになっている。

次に会費の問題である。アメリカでは会費はすべて寄附金とみなされるが、日本版パブリックサポートテストでは、会費には社員からの会費は含まない。この社員からの会費は、分母には当然、含まれる。運営資金の大半を社員の会費で賄っている法人は、これが分子に含まれないことによって失格となる可能性が高い。社員以外からの会費のうち、機関誌の購読料等の反対給付のあるものも、対価性があるものとして、これも受入寄附金総額から除外される。

寄附金総額の定義は、次に述べる一者当たり基準限度額にも大きく影響する。アメリカの基準

アメリカ版パブリックサポートテスト

$$\frac{\text{会費}+\text{小口寄附}+\text{助成金}+\text{補助金}}{\text{総収入}-\text{本来事業収入}} \geqq \frac{1}{3}$$

日本版パブリックサポートテスト

$$\frac{\text{受入寄附金総額等}}{\text{総収入金額等}} \geqq \frac{1}{3}$$

受入寄附金総額等＝受入寄附金総額
－①一者当たりの基準限度超過額
－②匿名の寄附金
－③一者当たり年間３千円未満の寄附金
－④役員（及び社員）からの寄附金

総収入金額等＝総収入金額
－①補助金の額
－②法律等に基づき国等が負担する金額
－③臨時的な収入の金額
－④匿名の寄附金
－⑤一者当たり年間３千円未満の寄附金
－⑥相続・遺贈の寄附の基準限度超過額

限度額は総収入つまり分母の二％だが、日本の場合はこれが寄附金総額の二％となっているからである。補助金や社員の会費を寄附金総額に含めないことにより、日本の方がかなり限度額が低いということになる。

一者当たり基準限度超過額を分子に含めないのは、日米に共通する考え方であるが、本来、この規定は大口の寄附者に依存するＮＰＯを排除する趣旨であって、その基準としては総収入の二％で十分であろう。

ここで「一者当たり」というのは、寄附者の親族（血族六親等以内、姻族三親等以内）を合わせて一人とみなすという意味である。この寄附者が役員や社員の場合は、「一者」には親族だけでなく、事実上婚姻関係にある者、使用人及び役員や社員の負担する金銭等によって生計を維持している者（その親族で生計を一にする者を含む）も含めることになっている。

一者当たり基準限度超過額を分子から除くのは、通常の寄附金だけでなく、相続・遺贈財産の寄附の場合も同様である。

（3）受入寄附金総額等（分子）

分子の「受入寄附金総額等」は「受入寄附金総額」からの引き算だということは前に述べた通りだが、引き算の対象となるのは、一者当たり基準限度超過額と匿名の寄附、年間一者当たり三〇〇〇円未満の寄附及び役員や社員からの寄附金である。

このうち、匿名の寄附及び年間一者当たり三〇〇〇円未満の寄附は、分母からも分子からも除くことになっている。これもこのテストを困難なものにしている要素の一つである。たとえば、活動資金の大半を街頭募金や小口の寄附に頼っている団体はこれが分子に含まれないことで失格となる。当初の財務省案では、分子からは除き分母には含めることになっていたが、辛うじて分母からも除くことになった。もちろん分母にも分子にも加える方がもっとクリアしやすい。

立法趣旨としては、小口の寄附等について住所や氏名を記録する煩雑さを避けるということが言われているが、小口の寄附等についてまで、完璧な記録を要求する方が間違っているのであって、本末転倒している。匿名を装った脱法行為を防ぎたいのであろうが、それなら外にも方法はある。こういう規定を角を矯めて牛を殺すというのである。

分子からはさらに、役員や社員からの寄附金についても除外することになっている。これも意味のない規定である。活動が内輪のものになってしまっているケースを排除するのであれば、活動の適正性の要件で十分であって、財源の依存度が役員や社員に偏っていても、大口の寄附さえ除外しておけば特に弊害はないはずである。活動に熱心な人の役員就任や、広範な社員（会員）獲得の意欲をそぐという意味で、この規定は有害である。

なお、これには例外規定があって、寄附金の総額に占める役員及び社員の寄附の総額と、寄附者総数に占める寄附をした役員、社員の総数の割合が、ともに五〇％以下である場合には、社員の寄附に限って、一者当たり基準限度額以内の金額を分子に加えて良いことになっている。

（4）総収入金額等（分母）

分母の総収入金額には、前期繰越金額や借入金収入等は含まない。また、資産の売却等による臨時的な収入も除くことになっている。これは当然であろう。相続・遺贈財産の寄附のうち一者当たり基準限度額を超える金額も除く。これも臨時的な収入を含めない趣旨である。

総収入金額からは、さらに公的な補助金も除外する。ここでいう公的な補助金とは、国や地方自治体から直接交付される補助金のうち反対給付を要求されないもののことである。

補助金を分母から除くのは、分母を小さくするという意味では悪くないが、アメリカ版のように、分母、分子ともに補助金を含むとした方が、要件としてはよりクリアしやすいものとなる。前述のように三分の一基準は、分母は小さいほど、分子は大きいほど、容易にクリアできる。補助金を分母にも分子にも加えないということは、一見公平なようでいて実は三分の一基準をより厳しいものにしている。特に補助金依存型のＮＰＯ法人の場合は、決定的な意味を持っている。

分母からは、このほかに「法律等に基づき国等が負担する金額」も除かれる。これは介護保険事業を意識した規定で、その他のケースは想定されていない。介護保険収入は一割の本人負担以外の半額を介護保険会計が、半額を国及び地方自治体が負担することになっている。この国及び地方自治体の負担分（総額の四五％）を分母には加えないという趣旨である。

匿名の寄附及び一者当たり年間三千円未満の寄附を分子から除くのと同様除外するのは、前に述べた通りである。分母及び分子から同額を控除するというのは、三分の一基準をクリアするには、非常に厳しい条件である。

分母に関して最も大きな問題点は、事業収入を除外していない点である。アメリカ版では、本来事業の収入は分母から除くことになっているが、日本版ではそうなっていない。これは立法趣旨にかかわることであるが、要するに事業型のＮＰＯ法人は認定の対象には含めないということである。

（5）認定要件チェック表

以上のように、日本版パブリックサポートテストの内容は非常に複雑なものであるが、国税庁がチェック表を定めているので、次ページ以降にそれを示す。このチェック表は、認定申請の際に要件を満たしていることを説明するために添付を要求される書面である。

なお、チェック表は第1表から第9表まであるが、日本版パブリックサポートテストに関するものは第1表及びその付表である。付表を見ると明らかなように、役員及び社員については寄附をした者すべての住所、氏名、寄附金額、役員及び社員以外については二〇万円以上の寄附をした者すべてについて同様の記載をしなければならない。このチェック表は提出した税務署及びその法人の主たる事務所で閲覧に供されることになっている。

3　広域性の要件

（1）広域性の要件とは

広域性の要件とは、一言で言えば複数の市区町村で活動していることという要件である。そも

認定要件チェック表　（第１表）

法　人　名		前事業年度　年　月　日～　年　月　日	前々事業年度　年　月　日～　年　月　日

１　総収入金額から補助金等を控除した金額のうちに受入寄附金総額から基準限度超過額等を控除した金額の占める割合が３分の１以上であること。	チェック欄

			前事業年度	前々事業年度	
総収入金額から補助金等を控除した金額		①	円	円	
総　収　入　金　額		㋐	円	円	
補助金等	国又は地方公共団体の補助金その他国又は地方公共団体が反対給付を受けないで交付するものの金額	㋑	円	円	
	法律等の規定に基づく事業で、その対価を国等が負担することとされている場合の負担金額	㋒	円	円	
	資産の売却収入で臨時的なものの金額	㋓	円	円	
	遺贈により受け入れた寄附金等のうち基準限度超過額に相当する金額（付表Ⓡ欄）	㋔	円	円	
	寄附者の氏名又は名称が明らかなもののうち、同一の者からの寄附金で事業年度中（又は年間）の合計額が３千円未満のものの額（付表Ⓠ欄）	㋕	円	円	
	寄附者の氏名又は名称が明らかでない寄附金額（付表Ⓒ欄）	㋖	円	円	
差引金額　（㋐－㋑－㋒－㋓－㋔－㋕－㋖）		㋗	円	円	⇨①へ
受入寄附金総額から基準限度超過額等を控除した金額		②	円	円	
受入寄附金総額（付表Ⓐ欄）		㋘	円	円	
基準限度超過額等	役員等以外の者の一者当たり基準限度超過額の合計額（付表Ⓜ欄）	㋙	円	円	
	役員から受けた寄附金の額（付表Ⓔ欄）	㋚	円	円	
	社員から受けた寄附金の額（付表Ⓗ欄）	㋛	円	円	
	受入寄附金総額から控除しない社員からの寄附金（付表Ⓟ欄）	㋜	円	円	
	役員又は社員以外の者からの寄附金で寄附者の氏名又は名称が明らかなもののうち同一の者からの事業年度中（又は年間）の合計額が３千円未満のものの額（付表Ⓚ欄）	㋝	円	円	
	寄附者の氏名又は名称が明らかでない寄附金額（付表Ⓒ欄）	㋞	円	円	
差引金額　（㋘－㋙－㋚－㋛＋㋜－㋝－㋞）		㋟	円	円	⇨②へ
基準となる割合　（②÷①）		③	％	％	

（注意事項）

・　事業年度が半年であるなど、今回の申請に係る直前２事業年度等に含まれる事業年度が３以上になる場合には、この用紙を複数使用して、直前２事業年度等に含まれるすべての事業年度につき上記の判定を行ってください。（第２表以下についても同様。）

・　チェック欄には、この表の各欄の記載を終了し、要件を満たしていることを確認した場合に「○」を記載してください。（第２表以下についても同様。）

受け入れた寄附金の明細表

第１表付表

事業年度（又は年）	年　月　日～　年　月　日

1　基準限度額の計算

受入寄附金総額	Ⓐ	円
基準限度額（受入寄附金総額の２％相当額）	Ⓑ	円

2　寄附者の氏名又は名称が明らかでない寄附金

Ⓐのうち寄附者の氏名又は名称が明らかでない寄附金の金額	Ⓒ	円

3　役員からの寄附金

氏名又は名称	住所又は所在地	①寄附金額	②左のうち基準限度超過額	③差引金額（①－②）
		（　） 円	（　） 円	（　） 円
		（　） 円	（　） 円	（　） 円
		（　） 円	（　） 円	（　） 円
同一の者からの寄附金の額が３千円以上20万円未満のものの合計額		（　） 円	（　） 円	（　） 円
同一の者からの寄附金の額が３千円未満のものの合計額		（　） 円		Ⓓ （　） 円
合計	人数 ㋑ 人	Ⓔ （　） 円	Ⓕ （　） 円	（　） 円

4　社員からの寄附金

氏名又は名称	住所又は所在地	①寄附金額	②左のうち基準限度超過額	③差引金額（①－②）
		（　） 円	（　） 円	（　） 円
		（　） 円	（　） 円	（　） 円
		（　） 円	（　） 円	（　） 円
		（　） 円	（　） 円	（　） 円
		（　） 円	（　） 円	（　） 円
		（　） 円	（　） 円	（　） 円
		（　） 円	（　） 円	（　） 円
		（　） 円	（　） 円	（　） 円
同一の者からの寄附金の額が３千円以上20万円未満のものの合計額		（　） 円	（　） 円	（　） 円
合計金額のうち同一の者からの寄附金の額が３千円未満のものの合計額		（　） 円		Ⓖ （　） 円
合計	人数 ㋺ 人	Ⓗ （　） 円	Ⓘ （　） 円	Ⓙ （　） 円

5　役員及び社員以外の者からの寄附金で寄附者の氏名又は名称が明らかなもの

氏名又は名称	住所又は所在地		①寄附金額	②左のうち基準限度超過額	③差引金額（①－②）
			（　）円	（　）円	（　）円
			（　）円	（　）円	（　）円
			（　）円	（　）円	（　）円
			（　）円	（　）円	（　）円
			（　）円	（　）円	（　）円
			（　）円	（　）円	（　）円
同一の者からの寄附金の額が3千円以上20万円未満のものの合計額		人数　人	（　）円	（　）円	（　）円
同一の者からの寄附金の額が3千円未満のものの合計額		人数　人	（　）円		Ⓚ（　）円
合　計		人数　Ⓗ　人	Ⓛ（　）円	Ⓜ（　）円	（　）円

（注意事項）　3～5の①～③欄の「（　）」には、遺贈により受け入れた寄附金等（遺贈（贈与者の死亡により効力を生ずる贈与を含む。）により受け入れた寄附金、租税特別措置法第70条第10項に規定する贈与により受け入れた寄附金その他贈与者の被相続人に係る相続の開始のあったことを知った日の翌日から十月以内に当該相続により当該贈与者が取得した財産の全部又は一部を当該贈与者から贈与（贈与者の死亡により効力を生ずる贈与を除く。）により受け入れた寄附金）の額を記載してください。

6　受入寄附金総額から控除しない社員からの寄附金

寄附金額の割合　（（Ⓔ＋Ⓗ）÷Ⓐ）	Ⓝ	％
寄附者数の割合　（（Ⓘ＋Ⓡ）÷（Ⓘ＋Ⓡ＋Ⓗ））	Ⓞ	％
Ⓝ欄及びⓄ欄の割合がいずれも50％以下の場合の社員からの寄附金額（Ⓙ－Ⓖ）	Ⓟ	円

7　総収入金額から控除する、同一の者からの寄附金で事業年度中（又は年間）の合計額が3千円未満のものの合計額

3～5に係る3千円未満の寄附金額　（Ⓓ＋Ⓖ＋Ⓚ）	Ⓠ	円

8　総収入金額から控除する、遺贈により受け入れた寄附金等のうち基準限度超過額に相当する金額

遺贈により受け入れた寄附金等のうち、一者当たり基準限度超過額に相当する金額　（Ⓕ、Ⓘ、Ⓜ各欄の「（　）」の金額の合計額）	Ⓡ	円

そもなぜこのような要件が必要なのかがわからない。

ＮＰＯ法人として認証を受けるための条件の一つとして一二種類の公益目的のどれかに該当する活動を行うことというのがあるが、その中には「まちづくりの推進」も掲げられている。「まちづくり」に限らず福祉団体等でも同じことだが、地域密着型の活動ではこの要件はクリアできない可能性が高い。今回の支援税制の不可解な部分の一つである。

公益の定義もあいまいだが、不特定多数の利益に資するものが公益という考え方がある。おそらく立法趣旨としては、広域性を持って不特定多数の担保（寄附金の広域性については広範な支援を受けていることの担保）のつもりであろうが、単一市区町村で行う活動が公益性がないと決めつける理由はないし、広範な支援（寄附）ということではパブリックサポートテストで十分である。

広域性の要件は三つある。これはすべてを満たす必要はなく、三つのうちどれか一つをクリアしていればいいということになっている。具体的には、①寄附金総額、②特定非営利活動、③特定非営利活動の受益者数のいずれかの、一市区町村内の占める割合が八〇％以下であることという要件である。

ここでいう市区町村の「区」は、東京都の特別区及び政令指定都市の区のことである。なお、隣接する市区町村のない離島にのみ事務所を置くＮＰＯ法人は、この要件は免除される。ここでいう離島とは、その離島内に複数の市区町村がない場合をいうのであって、当該市区町村に離島以外の区域がある場合も含む。

(2) 寄附金総額

ここでいう寄附金総額は日本版パブリックサポートテストの寄附金総額の定義と同じであり、通常の寄附金のほかに、社員以外の拠出する対価性のない会費、助成金、相続・遺贈財産の寄附も含まれる。これらの寄附金のうち同一市区町村内からの寄附が八〇％以内であることというのが条件である。

同一市区町村内からの寄附には、①その市区町村に居住する個人、②その市区町村に事務所や事業所を持っている個人及び法人からの寄附金が含まれる。仮に他の市区町村に本店のある法人からの寄附であっても、基準となる市区町村内に事業所を設けてあれば同一市区町村内からの寄附としてカウントする。

なお、日本版パブリックサポートテストでは同一人とみなすことになっている寄附者の親族等は、この要件の場合は別人（別の居住地）とみなして良い。

(3) 特定非営利活動

一つの市区町村内で行う特定非営利活動が、その法人の行う特定非営利活動の八〇％以下であることという基準である。この割合を計算する場合は、その活動にかかわる収入金額、支出金額あるいは従事者の作業時間その他合理的な指標であれば何でも良いことになっている。ＮＰＯ法人の活動は金額で計れるとは限らないからである。

（4）特定非営利活動の受益者数

この基準は、見方によっては前項の特定非営利活動の割合を計る合理的な基準の一つ、すなわち活動の割合を受益者数で計ったものとも言えるが、財務省令では一応、別の基準として掲げている。いずれにせよ、三つの要件のうち一つをクリアすれば良いのである。

ここでいう受益者とは、その法人の特定非営利活動にともなう財やサービスを直接受ける個人や団体のことであり、そのうちの同一の市区町村に居住もしくは所在する者の受益者総数に対する割合が、八〇％以下であることという基準である。

広域性の要件に関するチェック表（第2表）は次ページに示す通りである。

4　共益団体排除の要件

（1）共益活動とは

公益の定義の一つに、その対象が不特定多数であることというのがあることは前に述べたが、共益とは、特定のメンバー同士の利益を図る活動のことである。具体的には、スポーツの同好会や趣味の集まり、あるいは同業者の親睦会のような活動を言う。

主たる活動が共益活動であるような、いわゆる共益団体を認定ＮＰＯ法人から排除するというのは当然とも考えられるが、そもそものような団体はＮＰＯ法人としての認証自体受けられないはずである。改めてこの要件を規定しなければならない理由がよくわからない。

認定要件チェック表 （第２表）

２ 直前２事業年度等における次のいずれかの割合が 80%以下であること イ 受入寄附金総額のうち同一の市区町村の個人、法人から受け入れた寄附金の合計額の占める割合 ロ 特定非営利活動のうち同一の市区町村内で行われた活動の占める割合 ハ 特定非営利活動により資産の譲渡等（資産の譲渡若しくは資産の貸付け又は役務の提供）を直接受けた者の総数のうち同一の市区町村の個人、法人の合計数の占める割合	チェック欄

租税特別措置法施行令第 39 条の 22 の２第２項該当	主たる事務所の所在地が離島の地域（離島の地域内に２以上の市区町村がある場合を除く）で、その離島の地域以外に事務所等を有しない。 （注意事項）政令第２項該当の場合は、以下のチェックは不要です。	チェック欄

	前事業年度	前々事業年度

イ 受入寄附金総額のうち同一の市区町村の個人、法人から受け入れた寄附金の合計額の占める割合

		前事業年度	前々事業年度
受入寄附金総額	①	円	円
最も受入金額が多い市区町村での寄附金の合計額	②	（市区町村名 ） 円	（市区町村名 ） 円
割 合 （②÷①）	③	%	%

ロ 特定非営利活動のうち同一の市区町村内で行われた活動の占める割合

		前事業年度	前々事業年度
特定非営利活動に係る収入金額、支出金額、従事者の作業時間数又はその他の金額等	①	（指標 ）	（指標 ）
①のうち最も活動の多い市区町村での金額等	②	（市区町村名 ）	（市区町村名 ）
割 合 （②÷①）	③	%	%

㊟ ①及び②の金額の算出方法を具体的に示す資料を添付してください。

ハ 特定非営利活動により資産の譲渡等を直接受けた者の総数のうち同一の市区町村の個人、法人の合計数の占める割合

		前事業年度	前々事業年度
特定非営利活動により、資産の譲渡等を直接受けた者の総数	①	人	人
①のうち最も受けた者の多い市区町村での数	②	（市区町村名 ） 人	（市区町村名 ） 人
割 合 （②÷①）	③	%	%

しかも、具体的な要件の中には、後述のように共益性排除の要件としては厳しすぎるものが含まれている。高すぎるハードルの一つである。

共益団体排除の要件では、四つある条件に該当する事業活動を合計したものが、全体の活動の五〇％未満でなければならない。その四つとは、①会員等への財・サービス等の提供、②特定の団体、職域、地域の構成員へのサービス等の提供、③特定の者に関する活動、④特定の者に作為または不作為を求める活動である。

この事業活動の割合を計る場合は、その活動にかかわる収入金額、支出金額あるいは従事者の作業時間その他合理的な指標であれば何でも良いことになっている。

(2) 会員等への財・サービス等の提供

会員等への財・サービス等の提供には、会員等相互の交流、連絡、意見交換等も含まれる。問題はこの会員等の定義であるが、社員や役員にとどまらず、財・サービス等の提供を受ける者あるいは相互の交流、連絡、意見交換等に参加する者のうちその法人が帳簿書類（名簿等）に氏名を記載した者は会員等とみなすことになっている。

これもＮＰＯ活動の実態を無視した規定である。ＮＰＯ活動が不特定多数の利益を図る活動であることは当然であるが、その活動を広めるためにもその受益者が単なる受身の受益者ではなくその活動の理解者としてあるいは支援者として活動に参加することは重要な要素である。

受益者や交流の参加者、あるいは会合の参加者の氏名等を記録することすら禁止するようなこの規定は、ＮＰＯ活動を支援するという趣旨に全く逆行する規定と言わざるを得ない。

申し訳程度の例外規定がある。利用者が全く対価を支払わないか、市価に比べて極めて少額の利用料しか負担しないものは、ここでいう財やサービスの提供には含めないというものである。極めて少額というのは、市場価格の一〇％程度とされている。これは、介護保険事業を意識した例外規定である。介護保険事業の本人負担額は一割であるから、この場合の財やサービスの提供には含まれない。

これだけをとると一見介護保険事業者を配慮しているように見えるが、介護保険事業を主たる事業とするＮＰＯ法人はまず日本版パブリックサポートテストをクリアすることが困難であるから、全体としては配慮したことにはなっていない。

対価には当たらないというものが、あと二つある。一つは受益者が本来負担すべき交通費や消耗品費等の実費相当額だけを負担する場合である。もう一つは、受益者がそのサービスを提供する従事者の最低賃金（最低賃金法による最低賃金）以下の金額及びその付随費用程度しか負担しない場合である。これらはいわゆる「たすけあい事業」を意識したものである。

(3) 特定の団体、職域、地域の構成員へのサービス等の提供

ＮＰＯ法人の活動により便益を受ける者（個人及び団体）を基準としたときに、特定の団体、職域、地域の構成員に対する活動のことである。ただし、ここでいう活動には前項の会員等に対する財やサービスの提供は含まれない。つまり、特定の者を対象とした活動以外のいわゆる不特

定多数の者を対象とした活動であっても、団体、職域、地域が一つに限定されていてはいけないという趣旨である。

なお、特定の地域というのは一市区町村よりさらに狭く、地縁に基づく地域とされているが、具体的に何をもって判定されるのか明らかではない。職域についても判断基準に迷うことがあると思われる。

(4) 特定の者に関する活動

「特定の者に関する活動」とは、特定の著作物または特定の者(個人・団体)に関する普及・啓発、広告宣伝、調査研究、情報提供その他の活動とされている。言い換えれば、別に活動を行っている者(個人・団体、営利・非営利を問わない)のサポーター(支援者)的な活動を指す。

ここまでの共益団体排除の要件が受益者の側からの規定であるのに対し、この規定はNPO法人の提供するコンテンツが特定の著作物または特定の者(個人・団体)に関する情報に偏ってはならないという規定であるが、その範囲を実際に判断するとなると、迷うことも多いことが予想される。

そのような活動を禁止するものではないが、それが他の三項目の活動と合わせて見たときに、事業活動の五〇%以上であってはならないという趣旨である。

(5) 特定の者に作為または不作為を求める活動

前項が特定の者を支援する活動であるのに対し、この規定は特定の者（個人・団体）をその意に従わせようという活動である。条文では「特定の者に対し、その者の意に反した作為または不作為を求める活動」とされている。

ＮＰＯ活動が政争の類に利用されるのを防ぐ趣旨であろうが、そのＮＰＯ法人の主たる活動がダム建設反対であったり、マンション建設反対であるとみなされると、この規定に抵触する可能性がある。

(6) 認定要件チェック表

繰り返しになるが、以上四項目の条件は単独で判定するのではなく、そのすべてを合計して全事業活動の五〇％未満であることが要求される。

認定要件チェック表（第3表）は次ページに示す通り。この表中に「金額等」とあるのは金額以外の指標を用いることもできるからである。①の（指標）のところに採用した指標を、たとえば「事業費の額」や「従事時間数」のように記入する。①～②、ａ～ｆの各欄に記入する数値は（指標）で採用した基準に基づく金額や時間数である。

金額以外の基準が認められるといっても、実際に時間数等を計るのは容易ではない。実態とかけ離れていない限り概算でも容認されるものと考えられる。ただ、仮に概算であってもその根拠は問われれば答えられるものでなければならない。これは、金額基準でたとえば支出金額を按分した場合でも同じである。

認定要件チェック表　（第３表）

	チェック欄
3　直前２事業年度等における事業活動のうち次の活動の占める割合が 50%未満であること	

イ　会員等に対する資産の譲渡等（対価を得ないで行われるもの等を除く）、会員等相互の交流、連絡、意見交換その他その対象が会員等である活動

ロ　会員等、特定の団体の構成員、特定の職域に属する者、特定の地域に居住し、又は事務所等を有する者その他便益の及ぶ者が特定の範囲の者である活動（会員等に対する資産の譲渡等を除く）

（注意事項）　特定の地域とは、一の市区町村の区域の一部で地縁に基づく地域をいいます。

ハ　特定の著作物又は特定の者に関する普及啓発、広告宣伝、調査研究、情報提供その他の活動

ニ　特定の者に対し、その者の意に反した作為又は不作為を求める活動

		前事業年度	前々事業年度
全ての事業活動に係る金額等	①	（指標　　　）	（指標　　　）
①のうちイ～ニの活動に係る金額等	②		

			前事業年度	前々事業年度
イ	会員等に対する資産の譲渡等の活動（対価を得ないで行なわれるもの等を除く）に係る金額等	ⓐ		
	会員等相互の交流、連絡、意見交換その他その対象が会員等である活動に係る金額等	ⓑ		
ロ	便益が及ぶ者が特定の範囲の者である活動に係る金額等	ⓒ		
ハ	特定の著作物又は特定の者に関する活動に係る金額等	ⓓ		
ニ	特定の者に対し、その者の意に反した作為又は不作為を求める活動に係る金額等	ⓔ		
合　計　（ⓐ＋ⓑ＋ⓒ＋ⓓ＋ⓔ）		ⓕ		

⇨②へ

		前事業年度	前々事業年度
基準となる割合（②÷①）	③		

また、年度毎に指標や按分基準を変えることは、特に禁止されてはいないが、できるだけ避けた方が良いであろう。

5　運営組織・経理の適正性

(1) 運営組織・経理の適正性とは

ここまでの要件が団体の性格、具体的には活動に対する支援の内容及び活動の性格に関する要件であるのに対し、この要件は組織運営の適正性に関するものである。また、団体の性格に関する要件は過去二事業年度の実績が対象となるが、組織運営の適正性は過去二事業年度だけでなく申請時点でも満たしている必要があり、認定後であってもこの要件に抵触することになれば認定の取消しの理由となる。

運営組織・経理の適正性の中身はさらに三つに分けられる。①役員や社員に占める特定の親族等の割合、②帳簿組織の要件、③不適切な経理がないことの三つである。そのすべてを満たす必要がある。

(2) 役員や社員に占める特定の親族等の割合

この要件は、特定の親族等もしくは特定の法人等の影響下にあるＮＰＯ法人を排除しようという趣旨の規定である。役員または社員（正会員）の構成員のうち、特定のグループに所属する者の割合は三分の一以下でなければならない。最も大きなグループが三分の一以下であれば良い。

そのグループが親族等である場合は、六親等以内の血族、三親等以内の姻族及びその役員や社員と婚姻の届出をしていないが事実上婚姻と同様の事情にある者も含まれる。また親族等の使用人その他その特定の親族から受ける金銭等で生計を維持している者等も含まれる。

そのグループが特定の法人の関係者の場合は、その法人の役員や従業員だけでなく、親子会社（五〇％以上の出資関係にある法人）の役員や従業員及びそれらの者の親族等を含む。

通常のＮＰＯ法人が抵触することはまず考えられない。ただし、ＮＰＯ法人が役員の選任や社員の入会を受け付けるときに、いちいち身上調査するわけにはいかないので、そういう意味では問題がある。これはパブリックサポートテストの一者当たり寄附金額の場合も同様である。

もっと問題なのは、三七〜三八ページに示した付表である。この付表には判定基準となる最大グループだけでなく、グループすべて、要は本人以外に関係者が存在すればそのすべてのグループについて記載を要求している。団体の活動の性格によっては、自らの親族関係を明らかにしたくない人もいるであろうし、所属する会社等、身分を明らかにしたくない人もいるであろう。プライバシーに対する配慮に欠けた規定であるし、それ以前に調査すること自体不可能に近い。

（3）帳簿組織の要件

帳簿組織に関する要件であるが、「公認会計士または監査法人の外部監査を受けるか、または青色申告するのと同等の帳簿を記帳し保存していること」という条件である。前段の外部監査は、ボランティアで監査してくれる公認会計士がいない限り、普通のＮＰＯ法人にはコスト的に不可能と考えられるので、実際には後段の帳簿を作成することでクリアする必要がある。

もっとも、仮に公認会計士に依頼したとしても、監査に耐える帳簿は青色申告にも通用するはずであるから、結果的には同じことである。違いがあるとすれば、立証を求められたときに公認会計士の監査報告書があればそれで足りるという程度であろう。

青色申告するのと同等の帳簿とは具体的には、複式簿記で取引の発生順に取引の年月日、内容、勘定科目、金額等を記載した仕訳帳（または伝票等）と総勘定元帳のことを言う。パソコンの経理ソフトを使えばこの帳簿を作成するのは容易であるから、それほど困難な要件ではない。

(4) 不適切な経理がないこと

これは当然のことであるが、条文には「その支出した金銭でその費途が明らかでないものがあることその他不適正な経理として財務省令で定める経理が行われていないこと」とあり、財務省令では、不適正な経理の例として虚偽の記載を挙げている。

もちろんここでいう虚偽の記載は意図的な不正のことを指している。単純なミスや知識の不足による誤った記帳が含まれないことは言うまでもない。運営組織・経理の適正性に関するチェック表（第４表）及び付表の１から３は、次ページ以降に示す通りである。

認定要件チェック表　（第４表）

4　運営組織及び経理に関して次の要件を満たしていること	チェック欄
イ　役員又は社員の数のうち次の者の数の占める割合がそれぞれ３分の１以下であること ⑴　親族等 ⑵　特定の法人並びに当該法人の役員又は使用人である者及びこれらの者の親族等 ロ　会計について公認会計士又は監査法人の監査を受けていること、又は帳簿書類の備付け、取引の記録及び帳簿書類の保存について青色申告法人に準じて行われていること ハ　支出した金銭の費途が明らかでないものがある等の不適正な経理が行われていないこと	

イ（役　員）

項　目／区　分	役員数	最も人数の多い「親族等」のグループの人数	割　合（②÷①）	最も人数が多い「特定の法人並びに当該法人の役員若しくは使用人である者及びこれらの者の親族等」グループの人数	割　合（④÷①）
	①	②	③	④	⑤
申　請　時	人	人	%	人	%
前事業年度	人	人	%	人	%
前々事業年度	人	人	%	人	%

（社　員）

項　目／区　分	社員数	最も人数の多い「親族等」のグループの人数	割　合（②÷①）	最も人数が多い「特定の法人並びに当該法人の役員若しくは使用人である者及びこれらの者の親族等」グループの人数	割　合（④÷①）
	①	②	③	④	⑤
申　請　時	人	人	%	人	%
前事業年度	人	人	%	人	%
前々事業年度	人	人	%	人	%

㊟　各欄の人数等は、第４表付表１「役員の状況」及び第４表付表２「社員の状況」から転記してください。

ロ

項　目	申　請　時	前事業年度	前々事業年度
会計について公認会計士又は監査法人の監査を受けている	はい・いいえ	はい・いいえ	はい・いいえ
帳簿書類の備付け、取引の記録及び帳簿書類の保存を青色申告法人に準じて行っている	はい・いいえ	はい・いいえ	はい・いいえ

㊟　該当する項目を○で囲み、監査証明書又は第４表付表３「帳簿組織の状況」を添付してください。

ハ

項　目	申　請　時	前事業年度	前々事業年度
費途が明らかでない支出がある、帳簿に虚偽の記載がある等の不適正な経理の有無	有・無	有・無	有・無

役員の状況

第4表付表1

法人名		申請時	前事業年度	前々事業年度
役　員　数		人	人	人
	最も人数が多い「親族等」のグループの人数	人	人	人
	最も人数が多い「特定の法人並びに当該法人の役員若しくは使用人である者及びこれらの者の親族等」のグループの人数	人	人	人

役員の内訳							
氏名	住所又は所在地	職名	続柄等	就任等の状況			
				申請時	前事業年度	前々事業年度	就任・退任年月日

社　員　の　状　況

第４表付表２

法人名		申請時	前事業年度	前々事業年度
社　員　数		人	人	人
	最も人数が多い「親族等」のグループの人数	人	人	人
	最も人数が多い「特定の法人並びに当該法人の役員若しくは使用人である者及びこれらの者の親族等」のグループの人数	人	人	人

社　員　の　内　訳							
氏名	住所又は所在地	職名	続柄等	入　社　等　の　状　況			
				申請時	前事業年度	前々事業年度	入社・退社年月日

帳 簿 組 織 の 状 況 第４表付表３

法 人 名			
伝 票 又 は 帳 簿 名	左の帳簿等の形態	記帳の時期	保 存 期 間

記載要領

・ 「左の帳簿等の形態」欄は、例えば「３枚複写伝票」、「ルーズリーフ」、「装丁帳簿」のように記載します。

・ 「記帳の時期」欄は、「毎日」、「一週間ごと」のように記載します。

6　事業活動の適正性

(1) 事業活動の適正性とは

事業活動の適正性の要件は六つある。過去二事業年度及び申請期間中を通じて満たす必要があるのは、運営組織・経理の適正性の場合と同様であるが、次に掲げる⑤と⑥は過去二事業年度についてては問わない。

六項目は次の通り。①宗教活動、政治活動を行わないこと、②特定の者と特別の関係がないこと、③特定非営利活動の事業費が八〇％以上であること、④寄附金総額の七〇％以上を特定非営利活動の事業費に充てること、⑤助成金の支給に関する要件、⑥海外送金に関する要件である。

(2) 宗教活動、政治活動を行わないこと

ＮＰＯ法人の認証の条件として「宗教活動や政治活動を、主たる活動としないこと」というのがあるが、ここでは「主たる」という言葉はない。つまり一切行ってはならないという趣旨である。

宗教活動とは、「宗教の教義を広め、儀式行事を行い、及び信者を教化育成すること」とされている。政治活動とは「政治上の主義を推進し、もしくは支持し、またはこれに反対すること」とされており、また、選挙活動（特定の公職の候補者や公職にある者、または政党を推薦しもしく

は支持し、またはこれらに反対すること）も禁止されている。

ただし、政策を提言する活動は政治活動には含まれない。具体的には政策に関する提言や要望等いわゆるアドボカシー活動についてはこの要件で制限されてはいないということである。

（3）特定の者と特別の関係がないこと

ここでいう特定の者とは、その法人の役員、社員、従業員、寄附者及びこれらの者の親族等（事実上の婚姻関係や使用人その他を含む）のことであり、特定の関係とは資産の譲渡、給与の支給、役員の選任等に当たって理由なく有利な扱いをして経済的利益を与えることをいう。

また、営利事業者及び前項の宗教活動や政治活動を行う者に対する寄附を行っても、この特定の者と特別の関係があるとみなされる。

普通のＮＰＯ活動を行っている団体であれば、この要件をクリアするのは容易であろう。

（4）特定非営利活動の事業費が八〇％以上であること

この八〇％以上の計算の分母は、その法人の支出総額ではなく事業費である。管理費は含まない。事業の中には特定非営利活動とそうでない事業があって、その中で特定非営利活動の占める割合が八〇％以上であることという要件である。

特定非営利活動に該当しない事業には、会員相互の親睦や共助を図るいわゆる共益事業や、財源の一つとしての収益事業等がある。ただし収益事業といっても法人税法でいう収益事業のことではない。たとえば介護保険事業は法人税法では収益事業であるが、この要件の場合は特定非営利活動に含まれる。

小規模の法人の場合は、事業費と管理費、事業費の中での特定非営利活動とその他の事業の区分がはっきりしないことも多いと思われる。実際には一人で同じ場所ですべての業務を行ったりしているからである。こういう場合は合理的な基準で人件費や光熱費や通信費等を按分することになる。

按分計算しても実態にそぐわないこともある。たとえば収益事業の専従者には給料を支給しているが、特定非営利活動は全員ボランティアで人件費が発生しないといったケースである。こういうときは、実際に発生した経費ではなくそれ以外の指標で特定非営利活動が全事業の八〇％以上であることが示されれば良いということになっている。具体的には有給職員とボランティアを合わせた総労働時間に占める特定非営利活動の割合でも良いということである。もちろんその場合は、それを明らかにする書類の添付が要求される。

(5) 寄附金総額の七〇％以上を特定非営利活動の事業費に充てること

ここでいう「特定非営利活動の事業費」とは、前項の特定非営利活動の事業費と同じである。この事業費が受入寄附金総額の七〇％以上であれば良い。受入寄附金総額の定義は前に述べたが対価性のない会費や民間の助成金も含まれる。

趣旨はせっかくいただいた寄附を管理部門の人件費や間接費に充てて本来の事業の直接経費に

充てないような法人は排除するという意味であり、特に厳しい要件ではない。

解釈に困るのは特定非営利活動に伴って収入のある場合である。極端な場合、特定非営利活動では実費を受益者に負担してもらい直接費を賄うのに他に財源を要しないことも考えられる。実態として寄附金を初めとするその他の収入は管理費に充てられているということになる。

しかし、法令にはこれに関する制約は規定されていない。形式的に一〇〇の寄附金に対し七〇の事業費が計上されていれば、この要件はクリアできるものと考えられる。

なお、この要件に関しては、前項のような金額基準以外の割合を容認する規定はない。通常は寄附金はキャッシュであるものとして、その金額の七〇％以上を実際に特定非営利活動のために支出することを求めたものである。

（6）助成金の支給に関する要件

この要件が問題になるのは、他の団体や個人に助成金を支出しているＮＰＯ法人だけである。そういう事業を行っていない法人は関係ない。該当する法人であればその交付手続きや助成実績を国税庁に届出、開示しなければならない。

具体的には、事前に、助成対象者の募集及び選定の方法、助成内容を記載した書類を国税庁長官宛て（所轄税務署）に提出し、実際に助成金を交付したらその実績についても遅滞なく国税庁長官宛て（所轄税務署）に提出することというものである。

税務署に提出した書類はその法人の主たる事務所にも備え置き、請求があれば閲覧させなければばならない。規定の趣旨はわからないでもないが、法人側にはそれなりの事務負担となることは確実である。

なお、この要件に関しては過去二事業年度については要求されないが、申請事業年度にあっては、認定ＮＰＯ法人の申請を行って以後に助成金を交付する場合について、この届出を行わなければならない。もちろん認定後も同じである。

（7）海外送金に関する要件

この要件は、海外への送金、金銭の持ち出しの発生する法人に関する要件で、国内のみで活動を行っている法人の場合は対象とはならない。しかし、該当する法人にとってはこれもかなり面倒な要件である。

すなわち、海外への送金や金銭の持ち出しについては、事前に国税庁長官宛て（所轄税務署に、その金額、使途、送金予定日を届けなければならないというものである。しかもこの届出には下限が設けられていないので、どんな少額でも届け出が必要ということになる。一応、災害等の緊急時には事後の届出で良いことにはなっているが、その場合にも遅滞なく届け出なければならない。

この要件も、認定申請する法人に過重な負担を強いるものと言わざるを得ない。趣旨としては一旦海外へ送金されると活動の実態が掌握しがたいからということであろうが、不審があれば当然、会員が減ったり寄附を中止する者が出てきて活動自体に困難を生じ、他の認定要件もクリアすることが困難になるはずである。

主たる事務所にも備え置き、請求があれば閲覧させること、過去二事業年度について要求されないが、認定ＮＰＯ法人の申請を行って以後に海外送金または持ち出しを行う場合に届出が必要なことは、前項と同様である。

(8) 認定要件チェック表

事業活動の適正性に関する認定要件チェック表(第5表)、その付表、助成金に関する事前届出書と実績の届出書、海外送金または金銭の持ち出しの届出書を次ページ以降に示す。なお、第5表の付表及び助成金に関する届出書と海外送金等に関する届出書は該当がない場合は提出不要である。

7　情報公開

(1) 情報公開のあらまし

もともとＮＰＯ法自体が、公益性の判定を役所に委ねず、その担保として大幅な情報公開を義務付け、役所による選別ではなく、市民による選別を期待するという画期的な法律であったのだが、認定ＮＰＯ法人には、さらに詳細な情報公開が要求される。

なお、この情報公開の要件は、最初の認定の申請時点においては過去の情報公開の実績が要求

認定要件チェック表　（第５表）

５　事業活動に関して次の要件を満たしていること

チェック欄

イ　ＮＰＯ法第２条第２項第２号に規定する宗教活動又は政治活動等を行っていないこと
ロ　役員、社員、従業員若しくは寄附者又はこれらの親族等に対して特別の利益を与えないこと、及び営利を目的とした事業を行う者、上記イの活動を行う者又は特定の公職の候補者若しくは公職にある者に対し寄附を行わないこと
ハ　事業費の総額のうち特定非営利活動に係る事業費の額の占める割合が 80%以上であること
ニ　受入寄附金総額の 70%以上を特定非営利活動の事業費に充てていること
ホ　助成金の支給を行う場合、事前及び事後にその内容等を記載した書類を提出すること
ヘ　海外送金等を行う場合、事前又は事後にその内容等を記載した書類を提出すること

イ

項　目	申請時	前事業年度	前々事業年度
宗教の教義を広め、儀式を行い、及び信者を教化育成する活動	有・無	有・無	有・無
政治上の主義を推進し、若しくは支持し、又は反対する活動	有・無	有・無	有・無
特定の公職の候補者（候補者になろうとする者を含む）若しくは公職にある者又は政党を推薦し、若しくは支持し又は反対する活動	有・無	有・無	有・無

ロ

項　目	申請時	前事業年度	前々事業年度
役員、社員、従業員若しくは寄附者又はこれらの者の親族等に対する特別な利益の供与（親族等の範囲については第５表付表を参照）	有・無	有・無	有・無
営利を目的とした事業を行う者及びイの活動を行う者又は特定の公職の候補者若しくは公職にある者に対する寄附	有・無	有・無	有・無

㊟　第５表付表「財産の運用及び事業運営の状況等」を記載し添付してください。

ハ

項　目		前事業年度	前々事業年度
事業費の総額	①	円	円
特定非営利活動に係る事業費の額	②	円	円
特定非営利活動の割合　（②÷①）	③	%	%

㊟　「ハ」について、事業費以外の指標により計算を行う場合う場合には、使用した指標及び単位を記載してください。

使用した指標	単位

・　算出方法を具体的に示す資料を添付してください。

ニ

項　目		前事業年度	前々事業年度
受入寄附金総額	①	円	円
特定非営利活動に係る事業費の額	②	円	円
受入寄附金の充当割合　（②÷①）	③	%	%

ホ

申請書提出時における助成金の支出予定の有無。	有・無

㊟　「有」に○をした場合には、以下の書類を提出してください。
・　事前に、助成対象者の募集及び選定の方法並びに助成内容を記載した書類
・　事後遅滞なく、助成の実績を記載した書類

ヘ

申請書提出時における海外への送金又は金銭の持ち出しの支出予定の有無。	有・無

㊟　「有」に○をした場合には、以下の書類を提出してください。
・　事前にその金額及び使途並びにその予定日を記載した書類

財産の運用及び事業運営の状況等

第５表付表

法人名	

1　役員、社員、従業員若しくは寄附者若しくはこれらの者と親族関係を有する者又はこれらの者と特殊の関係にある者との取引等（申請書の提出日を含む事業年度開始の日から申請書の提出の日まで及び同事業年度開始の日前２年以内に終了した事業年度における取引等）について以下の項目を記載してください。

（注意事項）

「これらの者と特殊の関係にある者」とは、次の者をいいます。

① 役員、社員、従業員若しくは寄附者又はこれらの者と親族関係を有する者（以下「役員等」という。）と婚姻の届出をしていないが事実上婚姻関係と同様の事情にある者

② 役員等の使用人及び使用人以外の者で当該役員等から受ける金銭その他の財産によって生計を維持しているもの

③ ①又は②に掲げる者の親族でこれらの者と生計を一にしているもの

(1) 資産の譲渡等

イ　資産の譲渡（棚卸資産を含む）

取引先の氏名等	法人との関係	譲渡資産の内容	譲渡年月日	譲渡価格	その他の取引条件等
				円	
				円	
				円	
				円	
				円	
				円	
				円	

ロ　資産の貸付（金銭の貸付を含む）

取引先の氏名等	法人との関係	貸付資産の内容	貸付年月日	対価の額	その他の取引条件等
				円	
				円	
				円	
				円	
				円	
				円	
				円	
				円	

ハ　役務の提供（施設の利用等を含む）

取引先の氏名等	法人との関係	貸付資産の内容	貸付年月日	対価の額	その他の取引条件等

⑵　報酬及び給与の支給

受給者の氏名等	法人との関係	支給期間等	支給金額等

⑶　役員の選任その他財産の運用及び事業の運営に関する事項

（該当する事項がある場合にその内容を具体的に記載してください）

2　支出した寄附金（申請書の提出日を含む事業年度開始の日前2年間及び同事業年度開始の日から申請書の提出の日までに支出した寄附金）

支出先の名称等	住所等	支出金額	支出年月日	寄附の目的等

認定ＮＰＯ法人が助成金の支給を行う場合の事前届出書

税務署受付印

整理番号	

平成　　年　　月　　日	主たる事務所の所在地又は納税地	電話（　　）　　－	
	（フリガナ） 法　人　名		
税務署長経由 国税庁長官殿	（フリガナ） 代表者の氏名	㊞	
	認　定　年　月　日	平成　　年　　月　　日	
	認定の有効期間の始期	平成　　年　　月　　日	

助成金の支給を行うこととなったので、租税特別措置法施行令第39条の22の２第１項第５号ホに規定する以下の事項を届け出ます。

（助成対象者の募集方法）

（助成対象者の選定方法）

（助成内容）

税理士署名押印	㊞

税務署処理欄	部　門		整理簿		備　考	

認定ＮＰＯ法人が助成金の支給を行った場合の実績の届出書

税務署受付印

整理番号	

平成　年　月　日	主たる事務所の所在地又は納税地	電話（　）　－
	（フリガナ）	
	法人名	
	（フリガナ）	
税務署長経由	代表者の氏名	㊞
国税庁長官殿	認定年月日	平成　年　月　日
	認定の有効期間の始期	平成　年　月　日

助成金の支給を行ったので、租税特別措置法施行令第39条の22の2第1項第5号ホに規定する助成の実績を以下のとおり届け出ます。

支給日	支給対象者	支給金額	助成対象の事業等
平成　年　月　日		円	

税理士署名押印	㊞

税務署処理欄	部門		整理簿		備考	

認定ＮＰＯ法人が海外への送金又は金銭の持ち出しを行う場合の届出書

税務署受付印

整理番号	

平成　年　月　日	主たる事務所の所在地又は納税地	電話（　）　－
	（フリガナ） 法　人　名	
税務署長経由 国税庁長官殿	（フリガナ） 代表者の氏名	㊞
	認　定　年　月　日	平成　年　月　日
	認定の有効期間の始期	平成　年　月　日

海外への（送金／金銭の持ち出し）を（行うことになった／行った）ので、以下のとおり届け出ます。

金　額	使　途	予定日（実施日）
円		平成　年　月　日

（事前に提出できなかった場合の理由）

税理士署名押印	㊞

税務署処理欄	部門		整理簿		備考	

されるものではない。しかし、認定後はいつでもこの条件に反すれば認定の取り消しの理由となり、継続して認定を受けようとする限り、常に要件を満たしている必要がある。

情報公開が求められる事項は次の通りである。(イ)本来NPO法人が所轄庁に提出し、情報公開している書類(事業報告書等、役員名簿等、定款等)、(ロ)役員報酬及び従業員給与の支給に関する規程、(ハ)助成金の支給及び海外送金に関して税務署に提出した書類の写し、(ニ)活動の内容を説明する書類、(ホ)寄附金を充当する予定の具体的な事業の内容を記載した書類。認定要件チェック表(第6表)は、次ページの通りである。

ここで初めて出てきた書類については、若干の説明が必要であろう。ただし、(イ)については認定NPO法人でなくとも備え置くべき書類であるので、省略する。

(ロ)は、いわゆる給与規程のことである。全員がボランティアで給与を支給していない場合にはなくても良い。(ハ)は、前節の最後に出てきた税務署に提出する書類である。NPO法人にとって過重な負担になりかねないことは前に述べた。(ニ)については項を改める。

(ホ)は、寄附金を充当する事業内容だけでなく、その実施予定年月、実施予定場所、従事予定人数、受益者の範囲と予定人数、寄附金の充当予定額等を書面にしなければならない。もちろん予定であるから、実際が予定と違ってきたからといって、すぐに問題になるとは考えられないが、それが意図的なものであったりすると認定の取り消し理由になり得る。書式は六四ページに示す。

認定要件チェック表 （第6表）

6 次に掲げる書類について閲覧の請求があった場合には、正当な理由がある場合を除き閲覧させること。

チェック欄

イ ＮＰＯ法第28条第２項に規定する事業報告書等、役員名簿等及び定款等
ロ 役員報酬又は従業員給与の支給に関する規程
ハ 助成金の支給を行う場合及び海外送金等を行う場合に国税庁長官に提出した書類の写し
ニ 収入の明細その他の資金に関する事項、資産の譲渡等に関する事項、寄附金に関する事項等を記載した書類
ホ 寄附金を充当する予定の具体的な事業の内容を記載した書類

次に掲げる書類について閲覧の請求があった場合には、正当な理由がある場合を除き閲覧させることに同意する。	同意 する	同意 しない

イ	① 事業報告書等（事業報告書、財産目録、貸借対照表、収支内訳書） ② 役員名簿等（役員名簿、前年において報酬を受けた役員の全員の氏名を記載した書類、社員のうち10人以上の者の氏名及び住所又は居所を記載した書類） ③ 定款等（定款、認証書の写し、登記簿謄本の写し）
ロ	① 役員報酬の支給に関する規程 ② 従業員給与の支給に関する規程
ハ	① 助成金の支給を行う場合に事前及び事後に国税庁長官に提出した書類の写し ② 海外への送金又は持ち出しを行う場合に事前又は事後に国税庁長官に提出した書類の写し
ニ	次の事項を記載した書類 ① 収入源泉別の収入額の明細、借入金の明細その他の資金に関する事項 ② 資産の譲渡等に係る事業の料金、条件その他その内容に関する事項 ③ 次に掲げる取引に係る取引先、取引金額その他その内容に関する事項 ・ 収入及び支出の生ずる取引についてそれぞれ取引金額の多い上位５者との取引 ・ 役員、社員、従業員若しくは寄附者又はこれらの親族等との取引 ④ 会員の資格要件、会員の住所又は事務所の所在地の属する市区町村別の数、会費その他会員制度に関する事項 ⑤ 寄附金の募集に関する事項及び受け入れた寄附金の使途の実績に関する事項 ⑥ 事業年度中（又は年間）の寄附金の合計額が20万円以上である寄附者の氏名又は名称及び住所又は事務所の所在地並びにその寄附金の額及び受領年月日 ⑦ 報酬又は給与を得た役員又は従業員の氏名及びその金額に関する事項 ⑧ 支出した寄附金の額並びにその相手先及び支出年月日
ホ	寄附金を充当する予定の具体的な事業の内容を記載した書類

㊟ 閲覧に関する細則（社内規則）等がある場合には、当該細則（社内規則）等を添付してください。

○ この申請が２回目以降の認定に係るものである場合には次の項目についても記載してください。

直前２事業年度等において上記書類の閲覧に応じることとしていたか	はい・いいえ

（2）活動の内容を説明する書類（二）

この項目は問題の多いところである。書式を五六ページ以降に示す。①の「資金に関する事項」は、収支計算書の収入の部に準じたものと考えられる。借入金については、個別に記載する。

②の「資産の譲渡等の内容に関する事項」は、要するに主な活動の内容、料金、条件についてまとめたものである。個別に記載する代わりに、料金表、カタログ等を添付しても良い。その場合は、書式にはその旨を記載する。

③の「取引の内容に関する事項」は、収入支出のそれぞれ金額上位5者と役員、社員等との取引内容、金額等を記載する。

④は、「会員制度に関する事項」である。市区町村別の会員数の把握は結構面倒な作業になる。会員制度については、内容を記入する代わりに定款、会員規約等を添付しても良い。

⑤の「受入寄附金に関する事項」は、具体的な記載項目がほとんど示されていない。募集の要領については文章で記載することになる。文章で書く代わりに募集要項等を添付しても良い。

ここまでは情報公開の内容としては、規模の小さな団体にとっては詳細に過ぎるかも知れないが、特に不適当というものはない。問題は次の⑥と⑦である。

⑥は、「寄附者に関する事項」である。一事業年度内に二〇万円以上の寄附をもらった場合は、この書類に氏名(または名称)、住所、寄附金額、受領年月日を記載する。氏名が公表されることを嫌って寄附を逡巡するケースも出てくると思われる。匿名の寄附は記載する必要はないが、パブリックサポートテストにおいて不利になる。

なお、認定ＮＰＯ法人が毎事業年度終了後に税務署に提出する書類には、二〇万円未満のものを含む全寄附者の名簿もあるが、これは閲覧対象にはならない。

⑦は、「役員報酬及び従業員給与に関する事項」である。役員はともかく、従業員の一人ひとりについてまでその給与を公表することには抵抗があろう。給与規程も公表することであるし、有給の従業員総数と給与総額程度で良かったのではないかと思われる。

⑧は、「支出した寄附金に関する事項」である。認定法人が認定を受けていない団体のトンネル機関となることを牽制する趣旨と考えられる。なお、他の書式も同じであるが、該当がなければ「該当なし」と記載すれば良い。

8　不正な行為の禁止

この要件については、特に配慮しなければならないことはない。政令の条文では、「当該法人につき法令に違反する事実、偽りその他不正の行為により利益を得、又は得ようとした事実その他公益に反する事実がないこと」となっている。

書式は示さないが、認定要件チェック表（第7表）でも、該当する事実の有無について、申請時、前事業年度、前々事業年度それぞれに記入するだけである。「有」と記入して認定を申請する法人はないであろうから、ほとんど無意味な要件である。

それではなぜこのような要件が政令に規定されているかというと、不法行為を行った認定ＮＰ

租税特別措置法施行令第39条の22の2第1項第6号ニに定める事項を記載した書類

法人名		事業年度等	年 月 日～ 年 月 日

① **資金に関する事項**〔収入金額の源泉別の明細、借入金の明細その他の資金に関する事項〕

⑴ 収入金額の源泉別の明細

収入源泉の内訳	金額
	円
	円
	円
	円
	円
	円
	円
	円
	円
	円
	円
	円
合計	円

⑵ 借入金の明細

借入先	金額
	円
	円
	円
	円
	円
	円
合計	円

⑶ その他

② **資産の譲渡等の内容に関する事項**［資産の譲渡等に係る事業の料金、条件その他その内容に関する事項］

⑴　資産の譲渡に係る料金及び条件等

譲渡資産の内容	料金	条件等
	円	
	円	
	円	
	円	
	円	
	円	
	円	
	円	
	円	

⑵　資産の貸付けに係る料金及び条件等

貸付資産の内容	料金	条件等
	円	
	円	
	円	
	円	
	円	
	円	
	円	
	円	
	円	

⑶　役務の提供に係る料金及び条件等

役務の提供の内容	料金	条件等
	円	
	円	
	円	
	円	
	円	
	円	
	円	
	円	
	円	

③　取引の内容に関する事項〔次に掲げる取引先、取引金額その他その内容に関する事項　イ　収入の生ずる取引及び支出の生ずる取引のそれぞれについて、取引金額の最も多いものから順次その順位を付した場合におけるそれぞれ第一順位から第五順位までの取引　ロ　租税特別措置法施行規則第22条の11の2第15項第1号に掲げる者との取引〕

⑴　収入の生じる取引の上位5者

氏名又は名称	住所又は所在地	取引金額	取　引　内　容　等
		円	
		円	
		円	
		円	
		円	

⑵　支出の生じる取引の上位5者

氏名又は名称	住所又は所在地	取引金額	取　引　内　容　等
		円	
		円	
		円	
		円	
		円	

⑶　役員、社員、従業員若しくは寄附者又はこれらの者の親族等との取引

氏名又は名称	関係	住所又は所在地	取引金額	取　引　内　容　等
			円	
			円	
			円	
			円	
			円	
			円	
			円	
			円	
			円	
			円	

（注意事項）　これらの者の親族等とは、次に掲げる者をいいます。

① 役員、社員、従業員若しくは寄附者又はこれらの者と親族関係を有する者

② ①の者と婚姻の届出をしていないが事実上婚姻と同様の事情にある者

③ ①の者の使用人及び使用人以外の者で当該①の者から受ける金銭その他の財産によって生計を維持しているもの

④ ②又は③に掲げる者の親族でこれらの者と生計を一にしているもの

④ **会員制度に関する事項** [会員の資格要件、会員の住所又は事務所の所在地の属する市区町村別の数、会費その他会員制度に関する事項]

(1) 会員の資格要件

(2) 会員の住所又は事務所の所在地の属する市区町村別の数

市区町村名	人数	市区町村名	人数
	人		人
	人		人
	人		人
	人		人
	人		人
	人	合計	人

(3) 会費制度

(4) 会員制度の概要

⑤　**受入寄附金に関する事項**［寄附金の募集に関する事項及び受け入れた寄附金の使途の実績に関する事項］

⑴　寄附金の募集に関する事項

⑵　受け入れた寄附金の使途の実績に関する事項

使　　　途	金　　額
	円
	円
	円
	円
	円
	円
	円
	円
	円
	円
	円
合　　　計	円

⑥ **寄附者に関する事項**［寄附者（その寄附金の額の事業年度中（事業年度の定めがない場合には、年間）の合計額が20万円以上である者に限る）の氏名又は名称及びその住所又は事務所の所在地並びにその寄附金の額及び受領年月日］

氏名又は名称	住所又は事務所の所在地	寄附金額	受領年月日
		円	
		円	
		円	
		円	
		円	
		円	
		円	
		円	
		円	
		円	
		円	
		円	
		円	
		円	
		円	
		円	
		円	
		円	
		円	
		円	
		円	
		円	
		円	
		円	
		円	
		円	
		円	
		円	
		円	
		円	

（注意事項）　事業年度中（又は年間）の受入寄附金の合計が20万円以上の寄附者について記載してください。

⑦ **役員報酬及び従業員給与に関する事項**［報酬又は給与を得た役員又は従業員の氏名及びその金額に関する事項］

⑴ 報酬を受けた役員の氏名及びその金額

氏　名	金　額	氏　名	金　額
	円		円
	円		円
	円		円
	円		円
	円		円
	円		円
	円		円
	円		円
	円	合　計	円

⑵ 給与を得た従業員の氏名及びその金額

氏　名	金　額	氏　名	金　額
	円		円
	円		円
	円		円
	円		円
	円		円
	円		円
	円		円
	円		円
	円		円
	円		円
	円		円
	円		円
	円		円
	円		円
	円		円
	円	合　計	円

⑧　**支出した寄附金に関する事項**［支出した寄附金の額並びにその相手先及び支出年月日］

支出年月日	支出先の名称	所　在　地	支出した寄附金額
			円
			円
			円
			円
			円
			円
			円
			円
			円
			円
			円
			円
			円
			円
			円
			円
			円
			円
			円
			円
			円
			円
			円
			円
	合　　計		円

寄附金を充当する予定の事業内容等
（租税特別措置法施行令第 39 条の 22 の 2 第 4 項第 4 号に規定する書類）

法人名	

事　業　名	具体的な事業内容	実施予定年月	実施予定場所	従事者の予定人数	受益対象者の範囲及び予定人数	寄附金充当予定額

寄附金の受入及び支出に利用する銀行口座名	

○法人が、形式的に他の要件すべてを満たしていたとすれば、認定の取り消しを行う根拠に困るからだと考えられる。言わば「伝家の宝刀」であり、実際にこの刀が抜かれることはほとんどないであろう。

認定要件チェック表には、さらに「第8表」と「第9表」があるが、「第8表」は事業年度に関する記載、「第9表」は所轄庁の「法令、法令に基づく行政庁の処分又は定款に違反する疑いがあると認められる相当の理由がない旨の証明書の交付を受けていること」の記載だけであるので、書式は省略する。

第3章

手続き

1　申請及び届出

設立から二事業年度を経過したＮＰＯ法人は、いつでも認定の申請ができる。申請は、次ページに示す「認定を受けるための申請書」に添付書類を添えて所轄税務署に提出する。申請が却下されても、却下の理由を改めることができれば、いつでも繰り返し申請することができる。ただし、認定を取り消された場合は、二年間を経過しなければ再び認定を申請することはできない。

添付書類は七〇ページに示す。「1」の「直前二事業年度の事業報告書等」は、所轄庁に毎年提出している書類のことである。「2」の「役員名簿等及び定款等」も①から③までは直前の事業年度終了後に所轄庁に提出したものであり、④から⑥はＮＰＯ法上、主たる事務所に備え置くことが義務付けられているものである。

「3」及び「4」は、前章で述べた「認定要件チェック表」の「第1表」から「第9表」及び「寄附金を充当する予定の具体的な事業の内容を記載した書類」である。「5」の所轄庁の証明書は、問題なく所轄庁から入手できるはずである。

さらに、認定を受けた法人は、毎事業年度終了後3カ月以内に七一ページに掲げる書類を所轄税務署に提出しなければならない。この表の（3）の（ロ）は五六ページから六三ページに掲げた書類、（4）は、「認定要件チェック表」の「第4表」から「第7表」のことである。この提出書類は（3）の（イ）の寄附者の名簿を除き、閲覧に供される。

税務署受付印

認定特定非営利活動法人としての認定を受けるための申請書

整理番号	

平成　年　月　日 税務署長経由 国税庁長官殿	主たる事務所の所在地又は納税地	電　話（　）　ー FAX（　）　ー				
	（フリガナ） 申請者の名称					
	（フリガナ） 代表者の氏名	印				
	設立年月日	平成　年　月　日	事業年度	有（　月　日～　月　日）・無		
	所　轄　庁		収益事業の有無 （事業の種類）	有 （　　）	無	

租税特別措置法第66条の11の2第2項に規定する認定特定非営利活動法人としての認定を受けたいので申請します。

（現に行っている事業の概要）

（その他の参考事項）

（注意事項）
- 申請書は、正本及び副本2通を主たる事務所の所在地又は納税地の所轄税務署に提出してください。
- 申請書には「認定申請時の添付書類一覧表（兼ﾁｪｯｸ表）」に掲げる書類を添付してください。
- 名称、所在地、代表者等の変更を予定されている場合には、その旨を「その他の参考事項」欄に記載してください。
- 過去に認定の取消しを受けている場合は、その取消しの日の翌日から2年を経過した日以後でなければこの申請書を提出することができません。

税理士署名押印	印

税務署処理欄	部　門		入　力		整理簿		備　考	

認定申請時の添付書類一覧表（兼チェック表）

添付書類			ﾁｪｯｸ欄
1	直前２事業年度等の事業報告書等		
	①	事業報告書	
	②	財産目録	
	③	貸借対照表	
	④	収支計算書	
2	役員名簿等及び定款等		
	①	役員名簿（前年において役員であったことがある者全員の氏名及び住所又は居所を記載した名簿）	
	②	役員名簿に記載された者のうち前年において報酬を受けたことのある者全員の氏名を記載した書面	
	③	社員のうち 10 人以上の者の氏名（法人の場合は名称及び代表者名）及び住所又は居所を記した書面	
	④	定款	
	⑤	認証に関する書類の写し	
	⑥	登記に関する書類の写し	
3	政令で定める要件を満たす旨を説明する書類 （「認定要件ﾁｪｯｸ表」第１表から第９表までの書類及びこれに関連する書類）		
4	寄附金を充当する予定の具体的な事業の内容を記載した書類		
5	所轄庁の証明書		

認定ＮＰＯ法人の事業報告書等の提出書

税務署受付印

		整理番号	
平成　年　月　日	主たる事務所の所在地又は納税地	電　話（　　）　－ ＦＡＸ（　　）　－	
	（フリガナ） 名称		
税務署長経由 国税庁長官殿	（フリガナ） 代表者の氏名	㊞	
	認定の有効期間	事業年度等	
	自　平　成　　年　　月　　日 至　平　成　　年　　月　　日	自　平　成　　年　　月　　日 至　平　成　　年　　月　　日	

租税特別措置法施行令第39条の22の2第8項の規定に基づき、以下の書類を提出します。

書類	ﾁｪｯｸ欄
(1)　特定非営利活動促進法第29条第1項に規定する事業報告書等、役員名簿等及び定款等	
①　事業報告書	
②　財産目録	
③　貸借対照表	
④　収支計算書	
⑤　役員名簿	
⑥　役員名簿に記載された者のうち前年において報酬を受けたことがある者全員の氏名を記載した書面	
⑦　社員のうち10名以上の者の氏名（法人の場合は名称及び代表者名）及び住所又は居所を記載した書面	
⑧　定款	
⑨　認証書の写し	
⑩　登記簿謄本の写し	
(2)　役員報酬又は従業員給与の支給に関する規程（又は既に提出しているものに変更がない旨を記した書類）	
(3)　次に掲げる事項を記載した書類	
イ　寄附者の氏名又は名称及びその住所又は事務所の所在地並びにその寄附金の額及び受領年月日	
ロ　租税特別措置法施行令第39条の22の2第1項第6号ニに規定する財務省令で定める事項	
①　収入金額の源泉別の明細、借入金の明細その他の資金に関する事項	
②　資産の譲渡等に係る事業の料金、条件その他その内容に関する事項	
③　次に掲げる取引先、取引金額その他その内容に関する事項 イ　収入の生ずる取引及び支出の生ずる取引のそれぞれについて、取引金額の最も多いものから順次その順位を付した場合におけるそれぞれ第1順位から第5順位までの取引 ロ　租税特別措置法施行規則第22法の11の2第15項第1号に掲げる者との取引	
④　会員の資格要件、会員の住所又は事務所の所在地の属する市区町村別の数、会費その他会員制度に関する事項	
⑤　寄附金の募集に関する事項及び受け入れた寄附金の使途の実績に関する事項	
⑥　寄附者（その寄附金の額の事業年度中（事業年度の定めがない場合には、年間）の合計額が20万円以上である者に限る）の氏名又は名称及びその住所又は事務所の所在地並びにその寄附金の額及び受領年月日	
⑦　報酬又は給与を得た役員又は従業員の氏名及びその金額に関する事項	
⑧　支出した寄附金の額並びにその相手先及び支出年月日	
(4)　租税特別措置法施行令第39条の22の2第1項第4号から第7号までに掲げる要件を満たしている旨を説明する資料	

※　(1)⑧～⑩の書類の提出は記載事項に変更があった場合に限ります。

2　認定の取り消し

認定ＮＰＯ法人が認定の取り消しを受ける場合がある。本書の第2章の第5節（運営組織・経理の適正性）から第8節（不正な行為の禁止）までの要件を満たさなくなった場合と、そもそも認定を申請した時点で認定要件を満たしていなかった事実が判明した場合、及び申請書類、添付書類その他税務署に提出した書類に虚偽の記載があった場合である。

国税庁は認定の取り消しを行った場合は、その旨と理由を当該認定ＮＰＯ法人に通知するとともに、その旨を官報で公示することになっている。取り消しに不服があれば国税不服審判所に審査を申し立てることができるし、審査結果も満足できなければ裁判に訴えることも可能である。

認定の取り消しがあった場合でも、その取り消しの日の翌日から二年を経過した日以降であれば、再び認定の申請をすることができる。

認定の取り消しがあっても、それ以前の認定期間中における寄附に関する所得税の寄附金控除や法人税の損金算入は有効であるが、相続税の非課税に関してはさかのぼって否認される可能性がある。

やむを得ない理由で要件を満たせなくなった場合、具体的には役員や社員に占める親族等の割合が構成員の死亡等で一時的に満たせなくなった場合等はすみやかにその要件を再び満たすことができれば取り消しの対象にはならない。

3　税の軽減を受ける場合の手続き

認定ＮＰＯ法人へ寄附した個人が、所得税の所得控除を受けるためには、その寄附をした年分の確定申告書にその旨を記載するとともに、寄附金を受領した認定ＮＰＯ法人の①特定寄附金を受領した旨（その特定寄附金が認定ＮＰＯ法人の行う特定非営利活動に係る事業に関連する寄附である旨を含む）及び、②その金額及び受領年月日を認定ＮＰＯ法人が証した書類を添付又は提示する必要がある。要は領収証に寄附金を充てた具体的な特定非営利活動が明記されていれば良いということである。

法人が、認定ＮＰＯ法人への寄附を損金算入の対象に含める場合は、その事業年度分の確定申告書にその金額等を記載するとともに、個人の所得控除の場合と同様の書類を保存しておかなければならない。

なお、法人が認定ＮＰＯ法人への寄附の損金算入を行う場合は他の特定公益増進法人等への寄附と合わせて限度額計算を行うのであるが、その限度額を超過した金額については、一般の寄附金と合わせ、一般の寄附金の損金算入限度額の計算に含めることができる。

相続又は遺贈によって財産を取得した者が認定ＮＰＯ法人にその財産の全部又は一部を寄附した場合は、その寄附をした財産の価額は相続又は遺贈に係る相続税の課税価格の計算には算入されない。

この場合の条件は、①相続税の申告期限までにその寄附を行っていること、②その寄附した財産が認定ＮＰＯ法人の行う特定非営利活動に係る事業のために活用されていること、③その寄附をした者又はその親族等の相続税又は贈与税の負担が不当に減少することにならないこと、である。

この特例措置を受けるには、相続税の申告書にこの特例措置を受ける旨を記載するとともに、その財産の寄附を受けた認定ＮＰＯ法人が、①その寄附が特定非営利活動に係る事業に関連する寄附である旨、②その寄附を受けた年月日及びその財産の明細、③その財産の使用目的を記載した書類を添付しなければならない。

また、寄附を受けた認定ＮＰＯ法人が、寄附のあった日から二年を経過する日までに認定ＮＰＯ法人に該当しなくなった場合（認定の取り消しがあった場合だけではなく、認定の継続ができなかった場合も含む）や、その寄附により取得した財産を寄附のあった日から二年を経過する日までに特定非営利活動に係る事業のために使用していなかった場合は、この非課税措置は取り消されることになる。

第4章

問題点と見直しの要点

1　認定要件の見直し

認定の要件について見直すべき点は多い。まず日本版パブリックサポートテストであるが、分母から事業収入を除くべきである。そうしない限り事業型のＮＰＯ法人は永久にこの認定を受けることはできない。

日本版パブリックサポートテストにはその他にも問題が多い。①基準限度２％の基準額は受入寄附金総額ではなく総収入金額にするべきである、②役員や社員の納める会費や寄附金もすべて分子に含めるべきである、③国や地方公共団体の補助金も分母、分子ともに加えるべきである、なお、この場合民間の助成金も含め２％の基準限度超過額の対象外とするべきである、④三〇〇〇円未満及び匿名の寄附も分子に加えるべきである。

広域性の要件については、全く不要である。特定の市区町村に限られた活動だからと言って、決して公益性がないことを意味しないし、公益性の担保としては他の要件で十分である。また、この要件を証明するためのＮＰＯ法人の負担も過重である。

共益団体排除の要件に関しては、会員等及び特定の団体、職域、地域の構成員へのサービスの提供の要件は廃止するべきである。受益者や支援者を広げていくことは、ＮＰＯ法人にとって大事なことである。それを否定するような要件は有害無益である。また、地域や職域が限定されているというだけで公益性がないと決めつけることも問題である。

運営組織・経理の適正性の要件は、要件自体には問題ないが、それを証明する書類には大いに問題がある。特に社員（正会員）の全員について関係者がいるかどうかを調べることは、事実上不可能である。最大グループについての報告にとどめるべきである。

海外送金等の事前届出制も、国際的な活動を行っているＮＰＯ法人にとっては、大きな負担である。廃止が望ましいが、それがかなわないのであれば、せめて一年分をまとめて事後に届けることにしてほしい。

その他の要件に関しては特に大きな問題はないが、役員や社員、寄附者のプライバシーに触れるような要件に関しては配慮が欲しい。寄附者全員の名簿についても、公表されないとは言え、ＮＰＯ法人の強いられる作業は過重である。

2　寄附税制の見直し

寄附税制についても問題は多い。個人の所得税に関する所得控除はいいとしても、できれば政治資金のように低所得者に有利な三〇％の税額控除との選択適用にしてほしかった。

個人の寄附金に関しては、地方税の措置がなかったことが致命的である。所得税の控除を受けられるケースでも地方税に関しては一切控除はない。仮に控除対象となったとしても、地方税の所得控除は年間一〇万円を超える部分だけである。所得税と同様に一万円から所得控除を受けられるようにしてもらいたい。

法人税の寄附金の損金算入限度額は、あまりにも少額である。抜本的には損金算入限度額そのものを拡大してもらいたいところだが、次善の策としては認定ＮＰＯ法人への寄附金の損金算入枠を、特定公益増進法人とは別枠とするという方法もある。

3　収益事業の課税の軽減

今回の支援税制の最大の欠陥は、認定要件を別にすれば収益事業に関する課税の軽減がなかったことである。現在の公益法人等の受けている支援措置は法人税に関しては二種類ある。一つは課税所得八〇〇万円超の場合の軽減税率であり、もう一つはみなし寄附金である。

前者は大半のＮＰＯ法人には無縁の話であり、効果があるのはみなし寄附金の方である。それも財団法人や社団法人のような定率の損金算入よりも、社会福祉法人や学校法人のような定率と定額の選択適用の方が圧倒的に効果がある。多くのＮＰＯ法人は、仮に収益事業の所得があっても、その金額はわずかなものだからである。定額のみなし寄附金であれば税額は発生しないが、定率の控除ではわずかとは言え納税しなければならない。

地方税については、均等割の問題がある。一部には法人税法上の収益事業を行っていても減免を行う自治体も出てきたが、自治体の裁量に委ねるのではなく地方税法の本則で定めてほしい。

その他、三三業種の見直し等の課題もあるが、これらはＮＰＯ法人だけの問題ではないので、ここでは触れないことにする。

赤塚　和俊（あかつか　かずとし）
1950年生まれ
1975年　早稲田大学政経学部経済学科卒業
1980年　公認会計士・税理士登録
1989年　情報処理システム監査技術者
現　在　朝日監査法人社員
全国市民オンブズマン連絡会議代表幹事
特定非営利活動法人市民オンブズマン福岡事務局長
編著書
『学校法人会計詳解』（共著、高文堂出版社）1997年
『NPO法人の税務』（花伝社）2000年
『学校法人の決算書の読み方』（ぎょうせい）2001年

NPO支援税制の手引き

2001年11月15日　初版第1刷発行

著者 ――赤塚　和俊
発行者 ―平田　勝
発行 ――花伝社
発売 ――共栄書房
〒101-0065　東京都千代田区西神田2-7-6 川合ビル
電話　03-3263-3813
FAX　03-3239-8272
E-mail　kadensha@muf.biglobe.ne.jp
ホームページ　http://www1.biz.biglobe.ne.jp/ ~kadensha
振替 ――00140-6-59661
装幀 ――神田程史
印刷 ――中央精版印刷株式会社

©2001　赤塚和俊
ISBN4-7634-0375-3　C0036

花伝社の本

ＮＰＯ法人の税務

赤塚和俊

定価（本体 2000 円＋税）

●NPO 法人に関する税制を包括的に解説
ＮＰＯ時代のすぐ役に立つ税の基礎知識。NPO法人制度の健全な発展と、税の優遇措置など税制の改正に向けての市民の側からの提言。海外のNPO税制も紹介。

著者は、公認会計士、全国市民オンブズマン連絡会議代表幹事。

冷凍庫が火を噴いた
—メーカー敗訴のＰＬ訴訟—

全国消費者団体連絡会
ＰＬオンブズ会議　編

定価（本体 2000 円＋税）

●ＰＬ訴訟に勝利した感動の記録
三洋電機冷凍庫火災事件の顛末。ＰＬ訴訟は、消費者側が勝つことが極めて困難と言われている中で、原告、弁護団、技術士、支援の運動が一体となって勝利した貴重な記録と分析。あとをたたない製造物被害。ＰＬ訴訟はこうやれば勝てる。東京地裁判決全文を収録。

コンビニの光と影

本間重紀　編

定価（本体 2500 円＋税）

●コンビニは現代の「奴隷の契約」？
オーナーたちの悲痛な訴え。激増するコンビニ訴訟。「繁栄」の影で、今なにが起こっているか……。働いても働いても儲からないシステム——共存共栄の理念はどこへ行ったか？優越的地位の濫用——契約構造の徹底分析。コンビニ改革の方向性を探る。

楽々《らくらく》理解 ハンセン病
人間回復——奪われた90年
「隔離」の責任を問う

ハンセン病国賠訴訟を支援する会・熊本
武村　淳　編

定価（本体 800 円＋税）

●国の控訴断念—画期的熊本地裁判決
ハンセン病とは何か。誤った偏見・差別はなぜ生まれたか？　強制隔離、患者根絶政策の恐るべき実態。強制収容、断種、堕胎手術、監禁室……生々しい元患者の証言。

この１冊で、ハンセン病問題の核心と全体像が楽々分かる。

情報公開法の手引き
－逐条分析と立法過程－

三宅　弘

定価（本体 2500 円＋税）

●「知る権利」はいかに具体化されたか？
「劇薬」としての情報公開法。市民の立場から利用するための手引書。立法過程における論点と到達点、見直しの課題を逐条的に分析した労作。条例の制定・改正・解釈・運用にとっても有益な示唆に富む。

情報公開ナビゲーター
—消費者・市民のための
情報公開利用の手引き—

日本弁護士連合会
消費者問題対策委員会　編

定価（本体 1700 円＋税）

●情報公開を楽しもう！
これは便利だ。情報への「案内人」。

どこで、どんな情報が取れるか？　生活情報Ｑ＆Ａ、便利な情報公開マップを収録。

日本における本格的な情報公開時代に。